Este libro pertenece a:

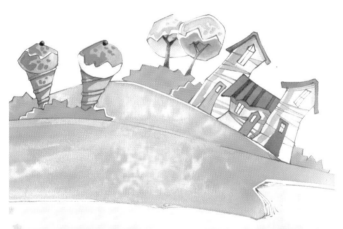

Marcuse, Aída E.

    Había una vez un cuerpo / Aída E. Marcuse ; ilustraciones
Fernando Cortés. — Bogotá : Panamericana Editorial, 2007.

    60 p. : il. ; 23 cm.

    ISBN 978-958-30-2786-4

    1. Cuentos infantiles uruguayos 2. Cuerpo humano - Cuentos
infantiles I. Cortés, Fernando, il. II. Tít.

I863.6 cd 21 ed.

A1145857

Había una vez un cuerpo

Editor
Panamericana Editorial Ltda.

Dirección editorial
Conrado Zuluaga

Edición
Luisa Noguera Arrieta

Ilustraciones
Fernando Cortés

Diseño y diagramación
Claudia Margarita Vélez Gutiérrez

Primera edición en Panamericana Editorial Ltda., enero de 2008
© Aída E. Marcuse
© 2008 Panamericana Editorial Ltda.
Calle 12 No. 34-20, Tels.: (571) 3603077 – 2770100
Fax: (571) 2373805
panaedit@panamericanaeditorial.com
www.panamericanaeditorial.com
Bogotá D.C., Colombia

Primera edición en la Asociación Editorial Bruño, febrero de 1997

ISBN 978-958-30-2786-4

Impreso por Panamericana Formas e Impresos S.A.
Calle 65 No. 95-28, Tel.: (571) 4300355, Fax: (571) 2763008
Bogotá D.C., Colombia
Quien sólo actúa como impresor.
Impreso en Colombia   Printed in Colombia

Había una vez un cuerpo

Aída E. Marcuse

Ilustraciones:
Fernando Cortés

PANAMERICANA
E D I T O R I A L

A Monique, Alain y Michel; Marujita, Reyes y Carmen;
Jeanine, Michael, Mariana y Andrés.

"Los niños tienen la edad de las preguntas que hacen".

Robert Dohan

Índice

La casa del cuerpo

Había una vez un cuerpo que se llamaba Miguel.

Era un niño pequeño.

Era muy preguntón.

Una noche, cuando su mamá lo acostaba, Miguel dijo:

—¡Mamá, estoy cerrado!

Y se miró al espejo, muy afligido.

—Mamá, ¿cómo soy por dentro? —preguntó enseguida.

—Está bien, Miguel —contestó la mamá acomodándose junto a la cama—, esta noche, en vez de un cuento de hadas, te contaré el cuento de tu cuerpo.

—¿Sabes? —comenzó diciendo—, por dentro no estás vacío. Debajo de la piel estás lleno de cosas, porque tu cuerpo, como una casa, tiene dos lados: el de adentro y el de afuera.

El de afuera es ese que miras en el espejo.

El de adentro no lo ves, porque vive escondido bajo la piel.

En cada piso de tu casa viven familias distintas.

Bajo el techo de pelo, en la cabeza, está el cerebro: es el jefe de la casa del cuerpo.

Es muy curioso y no le gusta vivir así, encerrado.

Por eso tiene dos ojos, para sacar fotos en colores de lo que hay afuera.

13

Y dos orejas, que recogen los ruidos y los llevan a sus oídos.

Y dentro de la nariz, el olfato, para oler el perfume de las flores.

Le gusta hacer las cosas bien, y en vez de un gusto tiene cuatro, que viven encima de la lengua. Uno dulce, para las golosinas, uno para los alimentos salados, otro para las frutas ácidas, y el último para los alimentos amargos.

—¡Claro, como es el más feo, lo puso último! —interrumpió Miguel, muy contento de saber que su cuerpo y él tenían el mismo gusto... sobre gustos.

—Toda la piel, pero sobre todo la de las yemas de los dedos, siente el frío y el calor, y distingue lo duro de lo blando, porque en ella vive el tacto.

La vista, el oído, el gusto, el olfato y el tacto, son los cinco sentidos.

Ellos le cuentan al cerebro, como a ti las revistas y los diarios, lo que pasa en el mundo de afuera...

(Miguel se había dormido, y soñaba que con sus cuatro gustos, comía cuatro helados al mismo tiempo...)

15

Pasea como el caracol

Al día siguiente, Miguel resolvió no dormirse hasta oír el final del cuento.

Se acurrucó bien en su cama, disfrutando del calorcito, y consiguió escuchar hasta aquí:

—El segundo piso de tu cuerpo es tu pecho.

Allí están los pulmones y el corazón, defendidos por las rejas de las costillas.

La barriga es el piso de abajo, y tiene muchos departamentos, donde viven el estómago, los intestinos, el hígado, los riñones y otros vecinos más.

Todos los pisos se comunican entre sí por tubos y cañerías que la comida, el aire y la sangre usan como ascensores.

La casa del cuerpo, como la del caracol, pasea de un lado a otro, montada sobre tus dos fuertes piernas.

En vez de pintura, está recubierta de piel.

Ella protege a sus habitantes del frío, del calor, del ruido, del Sol y de la lluvia de afuera...

17

Tus amigos de adentro

—Buenos días, mamá, ¿cómo sigue el cuento del cuerpo de Miguel? preguntó Mónica a la mañana siguiente.

—El cuento del cuerpo de Miguel es el de todos los cuerpos, pues por dentro todos somos iguales.

Los habitantes de la casa que te nombré, trabajan como las máquinas y se llaman "órganos".

Algunos trabajan solos, pero la mayoría se reúne en equipos para hacer la misma tarea: esos se llaman "aparatos".

En tu cuerpo se llevan a cabo tres tareas:

Hay órganos y aparatos que cocinan, otros que te cuentan lo que pasa afuera y otros que te llevan de aquí para allá.

Y además hay otros, tiernos y cariñosos, que se ocupan de los niños.

El cerebro (¿recuerdas? ¡es aquel que vive en el piso de arriba!), los dirige a todos, ayudado por algunos amigos.

Ya conoces a los cinco sentidos, esos que te cuentan todo.

Otros dos, la médula y el cerebelo, vigilan cómo late el corazón y cómo respiran los pulmones, mientras el cerebro se pone a ver televisión contigo.

—¿Por qué hay que vigilarlos?
¿No se portan bien si los dejan solos?
—preguntó Mónica.

20

—No es porque se porten mal, sino porque podrías olvidarte de respirar, ¡y te morirías, por distraída!

Desde el cerebro salen unas especies de cables para todos lados, parecidos a los de una lámpara eléctrica: son los nervios, pero en lugar de luz llevan las instrucciones del cerebro hasta los rinconcitos más alejados.

Mónica había terminado su desayuno. Se levantó, besó a su mamá y se despidió:

—¡Hasta luego, mamá! ¡Mi maestra prometió enseñarnos hoy un juego nuevo y no quiero llegar tarde!

Y salió corriendo para la escuela.

Cocinan al revés

Una mañana, Miguel se despertó con mucha hambre.

—Dame de comer —parecía pedirle con ruiditos su estómago—. Mis compañeros y yo, cocinando al revés, sacaremos de la leche y el pan de tu desayuno los materiales que necesitas para crecer y mantenerte sano.

Miguel abrió grande la boca, y por esa puerta entraron: un vaso de leche, dos tostadas con mantequilla y miel, cuatro caramelos, tres galletitas y un chicle que se tragó por error.

A medida que avanzaban por el cuerpo, iban despertando todos los órganos que encontraban en su camino, hasta llegar a la bolsa del estómago.

Allí, la leche y el pan, los caramelos, las galletitas y el chicle se mezclaron con un jugo que los estaba esperando.

Después de batirse un rato todo junto, en el estómago quedaba una sopa espesa, de gusto y color muy distintos a los que tenían antes.

23

El estómago

En ese momento se abrió una pequeña puerta y la comida entró en un tubo, larguísimo y finito como una cuerda de saltar: el desayuno de Miguel había llegado al intestino delgado.

Es tan largo que debe enroscarse en la barriga para caber en ella, y la comida tiene que dar vueltas, buscando otra salida.

La comida se la pasó así, viajando, durante varias horas, y al fin fue separada en dos partes: una, la buena, la que servía, se envolvió en paquetes, para repartirse por todo el cuerpo.

La grasita se fue a rellenar la parte de debajo de la piel, para acolcharla un poco.

La leche, a fortificar los dientes y los huesos.

El azúcar de los caramelos se lo llevó el cerebro, que es muy goloso.

Lo que sobró, quedó almacenado en el hígado (¡entre otras cosas, es el supermercado del cuerpo!). Así, cada órgano saca de sus estantes lo que va necesitando entre las horas de las comidas.

La segunda parte del desayuno, la inútil, siguió caminando por el intestino grueso, hasta que encontró otra puerta.

Apresuradamente salió por ella y, ¡oh, sorpresa!, ¡se encontró nuevamente fuera del cuerpo!

Puedes verla cuando vas al baño a hacer caca.

Estás toda tejida...

El domingo por la tarde Mónica entró muy contenta en la cocina:

—¡Mamá, mira qué lindo juego de repostería me regaló tía Rosa! ¿Me dejas hacer unas masitas con él?

—¿Por qué no las hacemos juntas? Ya tengo aquí harina y azúcar. Alcánzame un huevo del refrigerador, por favor... ¡Gracias! A propósito, ¿a que no sabes qué es?

—¿Qué es un huevo? ...Pues, un huevo es un huevo... ¿o no?

—Sí, y un huevo es también una célula gigantesca, Mónica. Tu cuerpo está hecho con millones y millones de células, pero tan chiquititas, que no las ves. Lo que sí ves son los tejidos que hacen todas juntas.

—¿Tejidos? ¿Cómo? Entonces... ¿Saben tejer?

—Sí, pero no hacen punto jersey, o elástico, como yo.

Las células tejen tu piel, tu pelo, tus uñas y todos tus órganos. A cada parte del cuerpo le hacen un dibujo distinto, por eso las reconocemos enseguida.

—¡Mmmmm, qué rica está la masa, mamá!

—¡Si sigues probándolas crudas, tus masitas no llegarán al horno! —exclamó riéndose su mamá.

...Y tienes calefacción central

Llegó el invierno.

Afuera hacía mucho frío y el viento ponía coloradas las narices y las orejas de los niños, mientras caminaban rápidamente hacia la escuela cercana.

Dentro de sus cuerpos, sin embargo, los órganos trabajaban muy contentos y calentitos, sin enterarse del tiempo que hacía afuera.

Para ellos siempre es verano, y todos los días son muy calurosos, porque tienen calefacción central.

El equipo funciona así:

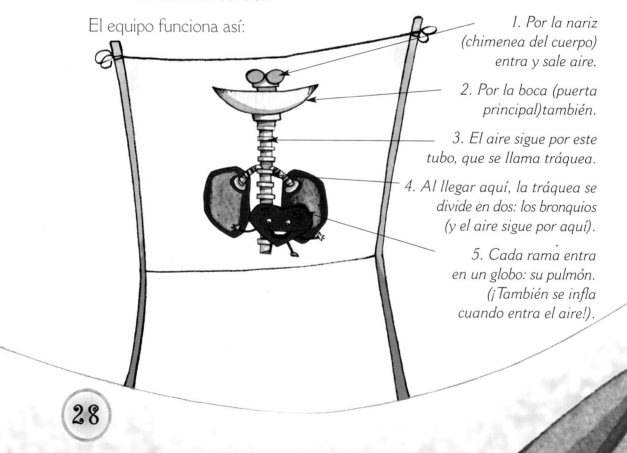

1. Por la nariz (chimenea del cuerpo) entra y sale aire.

2. Por la boca (puerta principal)también.

3. El aire sigue por este tubo, que se llama tráquea.

4. Al llegar aquí, la tráquea se divide en dos: los bronquios (y el aire sigue por aquí).

5. Cada rama entra en un globo: su pulmón. (¡También se infla cuando entra el aire!).

6. *El aire pasa de los pulmones a la sangre, y la sangre lo lleva a cada célula.*

7. *Las células queman el aire para calentar tu cuerpo.*

8. *Cuando se apaga el fuego, quedan cenizas.*

9. *La sangre las recoge, y las echa fuera del cuerpo por la nariz.*

Cada vez que respiramos, llevamos aire a las células y sacamos las cenizas de la calefacción.

También calles, coches y tránsito

¡Cuántos tubos y cañerías, cables y carreteras hay en el cuerpo!

—¿Cómo se evitan los embotellamientos del tránsito? —preguntó Miguel.

—En el medio del cuerpo hay una plaza: el corazón, rodeada de calles y avenidas de sentido único. Es tan importante que volveremos a hablar de él más adelante.

Las calles-VENAS son azuladas, los coches que circulan por ellas van a vaciar las cenizas de la calefacción a los pulmones.

Del otro lado del corazón salen las anchas y rojas avenidas-ARTERIAS, por donde corren únicamente los coches cargados con garrafas de aire.

El único modelo de auto que circula por estas calles es la sangre.

PLAQUETAS-PLASMA

31

Su carrocería se llama PLASMA, y lleva muchos pasajeros:

La HEMOGLOBINA es una señora colorada y forzuda, que entrega las garrafas de aire a las células.

Los LEUCOCITOS (llamados también glóbulos blancos, por su uniforme), son policías, y patrullan las calles para desalojar a los bichitos que consiguen entrar en el cuerpo.

Las PLAQUETAS viajan con baldes, palas y alquitrán, y van tapando los baches de las carreteras.

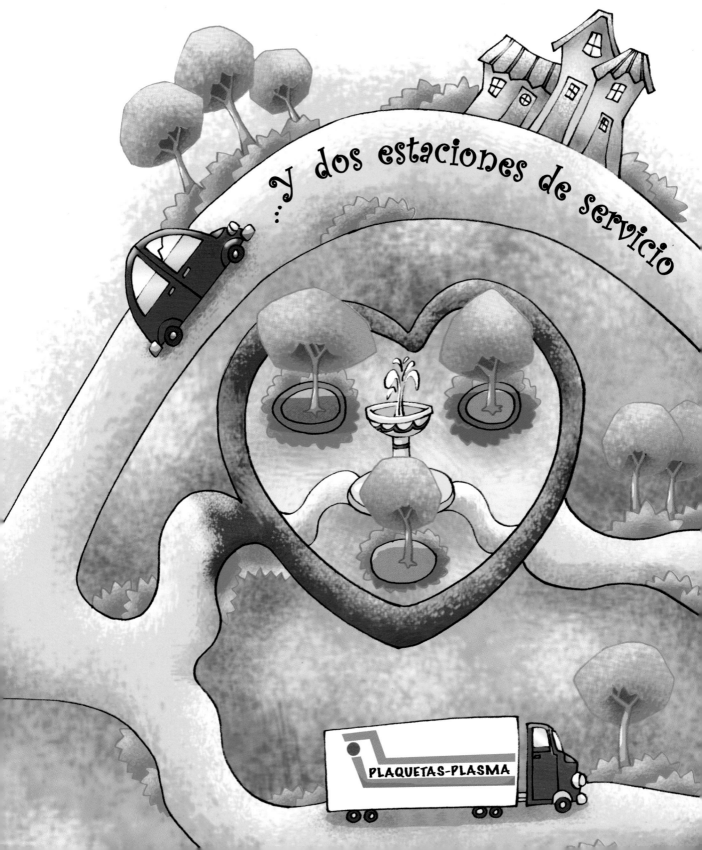

La sangre corre y corre sin parar.

Va a los pulmones, se llena de aire y lo lleva a las células, de donde vuelve enseguida a vaciar las cenizas.

En su camino, pasa por los intestinos y el hígado, y en ellos recoge el alimento que necesitan los órganos.

—¡Pobre sangre! ¡No descansa nunca! —dijo Miguel.

—Es cierto, pero en cada vuelta pasa un momento por dos estaciones de servicio que están en la espalda, justito debajo de la cintura: son los RIÑONES.

Allí le revisan el motor, comprueban si está bien de agua, y le lavan el polvo del camino.

Los riñones la atienden cuidadosamente, y la sangre sale de ellos muy alegre, lista para viajar por todo el cuerpo nuevamente.

Entonces, los riñones vacían los cubos de agua que usaron para lavarla en un tanque llamado VEJIGA.

Cuando la vejiga se llena, sientes un tironcito, y vas al baño a vaciarla haciendo pipí.

RIÑONES

A las visitas indeseables...

Esa mañana Miguel recibió un visitante indeseable: un microbio de la gripe.

Los microbios son unos bichitos tan chiquitos que los ojos no los ven.

El microbio de la gripe se trepó a un bocado de pan con dulce, y entrando por la gran puerta de la boca se coló dentro del cuerpo.

Cuando se aburrió de estar solo, se partió en dos, para tener un compañero de aventuras.

Al minuto, los dos nuevos microbios se partieron en dos otra vez, y ya eran cuatro.

De este modo, el cuerpo fue invadido en pocos días por un verdadero ejército de microbios hambrientos que destrozaban todo a su paso.

Fue entonces cuando los leucocitos —(¿recuerdas? ¡Son los glóbulos blancos que patrullan las calles sin cesar!)— se prepararon para echarlos del cuerpo.

Primero hicieron sonar bocinazos para avisarle de la invasión —y a Miguel le dolían la cabeza y la garganta y le subía la fiebre.

Después se lanzaron a pelear contra los microbios.

Cada vez que Miguel tosía echaba una cantidad de microbios por la boca.

Al estornudar, echaba otra cantidad por la nariz.

Pronto, los leucocitos ganaron la batalla.

La fiebre desapareció y Miguel se sintió mejor, pero muy débil.

Después de revisar los destrozos, su cuerpo dio órdenes para hacerlos reparar.

—Esta calle se ha cerrado; que el tránsito tome este desvío, mientras se sacan los escombros —ordenó.

Los obreros necesitaban materiales para la reparación, y empezaron a pedir:

—Cemento, agua, alquitrán... —¡perdón!, carne, leche, huevos, que ellos transformarían en materiales de construcción.

Miguel comía con gran apetito, y pocos días más tarde volvió al colegio, donde se divirtió mucho contando la batalla contra los asaltantes de su cuerpo.

...Las echa la policía

Tu cuerpo se defiende continuamente de los microbios, porque ellos causan muchas enfermedades.

Algunas son peores que la gripe: como la poliomielitis, la difteria o el tétanos.

Por suerte, los microbios se mueren después de un tiempo, y entonces, en vez de hacer daño, sirven para hacer vacunas.

Alguna que otra, como la que te dan para defenderte de la poliomielitis, te encanta, porque la comes sobre un terrón de azúcar.

Otras, como la de la difteria, están en una gota de líquido que te ponen debajo de la piel con una inyección.

Tu cuerpo recibe a cada vacuna de la misma manera: no conoce los microbios que lo visitan, y no sabe que estos no pueden hacerle daño.

Los glóbulos blancos se preparan para defenderte de ellos, y se quedan así, en guardia, mucho tiempo.

Si un microbio de esas enfermedades, vivito y coleando, se atreve a entrar en el cuerpo en ese momento, lo echan enseguida, pues lo reconocen como a un enemigo.

—¡Ya entiendo! —exclamó Miguel— ¡al cuerpo las vacunas le sirven de práctica!

¡No hagas un nudo en tu pañuelo!

El tiempo pasaba, y la casa del cerebro se llenaba de dibujos, planos y apuntes por todos lados.

Ya no le cabía un papel más en la cabeza, y cuando quería encontrar algo, el cerebro tenía que revolver todo.

Como es muy ordenado, corrió a buscar dos armarios: ellos son la memoria del cuerpo.

El primero es pequeño: en él cabe solamente todo lo que pasa cada día, y lo que necesita usarse siempre.

El segundo es muy grande, y en él se guarda todo lo que pasó desde que el cuerpo empezó a construirse.

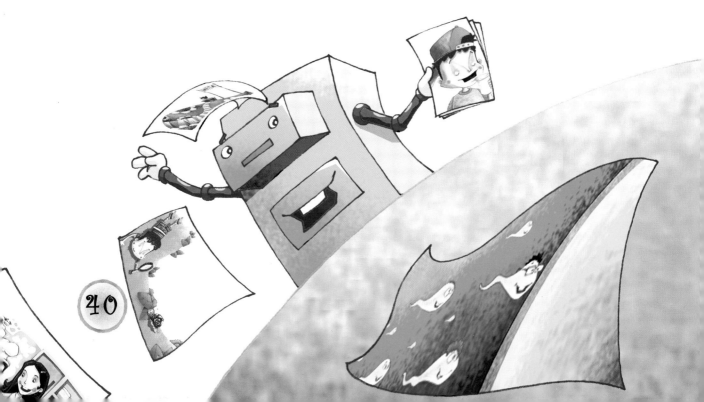

Cuando el armario pequeño está lleno, el cerebro lo revisa y saca lo que no necesitará usar más, para guardarlo en el armario grande. De allí es más difícil sacarlo.

Por eso, te enseñaré un truco, para que lo uses cuando quieras recordar esto:

¡No hagas un nudo en tu pañuelo!

Mejor, reléelo, prestándole mucha atención.

Tu atención le indica al cerebro que debe conservar esto para siempre en el armario de todos los días, y allí lo encontrarás cuando lo necesites.

A ti te crecerán los senos y te convertirás en mujer.

Esos cambios avisan que, adentro de la casa, ya empiezan a trabajar los órganos de la reproducción.

Ellos se encargan de hacer los bebés, empezando por la primera célula, la que se forma al unirse el óvulo con el espermatozoide.

En este momento, Mónica, ya tienes en tu barriga dos fábricas de óvulos, los ovarios; pero ahora están dormidas, descansando hasta que llegue el momento.

Cuando tengas alrededor de trece años, se despertarán, y empezarán a trabajar. Lo hacen así:

La primera semana de un mes cualquiera, un ovario saca un óvulo de su almacén y este emprende viaje hacia la matriz.

Tarda diez días en llegar allí.

Ese es el lugar donde se forman los bebés.

La palabra matriz se parece a madre, ¿no es cierto?

Si allí el óvulo encuentra al espermatozoide, ambos formarán la primera célula del bebé.

45

Si aún no ha llegado, el óvulo lo espera durante tres días. Después se va.

La matriz, mientras tanto, llevaba ya dos semanas esperando al bebé. Le tenía lista una cuna y alimentos.

Si no recibe nada, todo esto le sobra, y decide hacer una limpieza, preparándose para recibir la visita otra vez.

Por eso, al terminar la cuarta semana del mes, por un agujerito vecino al del pipí, sale, durante tres o cuatro días, una mezcla de agua coloreada.

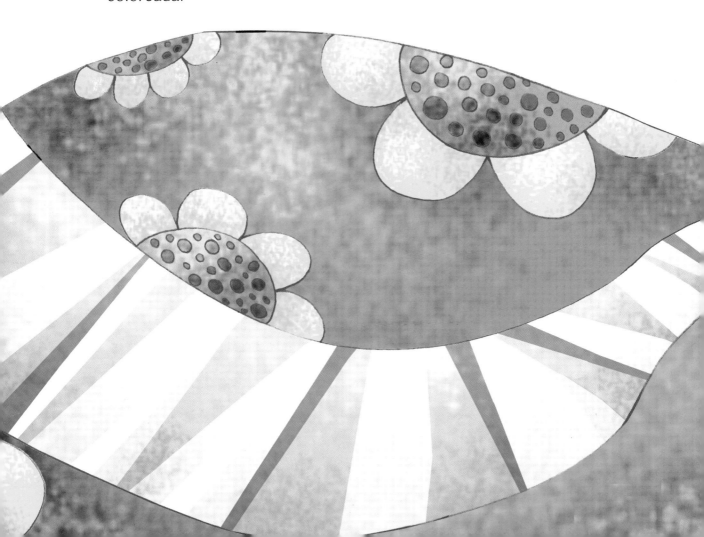

Cuando todo está otra vez limpio y ordenado,
el cuerpo descansa unos días, el ovario
que estuvo de turno se duerme por
un buen mes, y el otro se despierta
para empezar todo de nuevo.

META

47

Cómo se construye un bebé

—¿Y si se formó el bebito? ¿Qué pasa después?

—¿Recuerdas que te dije que el cuerpo se construye como una casa?

Bien instalado en la matriz, el futuro bebé empieza a construir su cuerpo, célula sobre célula.

Los materiales para la construcción los recibe del cuerpo de la mamá, a través de un tubo que parece un cordón.

Cuando el niño nace, ya no lo necesita más; por eso el médico lo separa, y a la parte que queda le hace un nudo y lo da vuelta hacia dentro.

¿Quieres verlo?

¡Es tu ombligo!

Durante siete meses, el bebé crece continuamente, agrandando y perfeccionando su cuerpo.

Después descansa, empieza a engordar un kilo por mes, y cuida los detalles: se hace el pelo, las uñas y las cejas, para que lo veamos bonito.

Cuando han pasado nueve meses desde que se formó su primera célula, el bebé pesa unos tres kilos, mide alrededor de cincuenta centímetros ¡y ya está listo para nacer!

Pero todavía es muy débil, no ve bien, no sabe caminar, y no tiene dientes: por eso, su mamá lo cuida y lo mima tanto, y le prepara dentro de sus senos la leche que tomará hasta que le salgan los dientes.

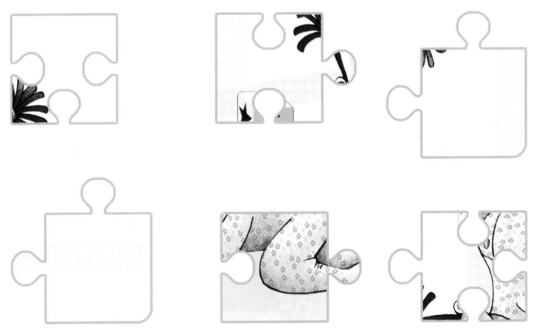

Adivina adivinador

1. ¿Me lo comprarás?
   Bien lo cuidaré.
   Canciones de cuna
   yo le cantaré.

2. Mientras son chiquitos
   van a la escuela.
   Juegan toditos
   a la rayuela.

3. Como los pollitos,
   igual empezó:
   está repartido
   siempre entre los dos.

4. Deben reunirse
   estas dos mitades.
   Para eso primero
   deben encontrarse...

5. Esta fabriquita
   bien adentro está.
   Siempre calladita,
   ¿qué fabricará?

6. Camina, camina,
   muy alegre está.
   En la otra esquina
   ¿quién lo esperará?

7. ¿Dónde es el encuentro?
   ¿Qué sucederá?
   ¿Estará contento?
   ¿Nada faltará?

8. No ha pasado nada...
   mas eso no importa:
   si no pasa hoy,
   pasará mañana.

9. ¡Algo ha sucedido!
   Siento un ruido extraño...
   Bien abrigadito
   jugará este año.

10. Pequeño y tierno
    no sabe nada.
    De protegerlo
    nunca se acaba.

Respuestas

1 El bebé. Los bebés no se compran. Los niños, como los pollitos, nacen de un huevo.

2 El huevo. El huevo de los bebitos se forma con dos mitades: una la tiene la mamá, y se llama óvulo. La otra la fabrica el papá, y se llama espermatozoide.

3 Los niños. Tardan muchos años en crecer, y deben ser cuidados por sus padres.

4 Los padres. Para hacer un bebé, las dos mitades del huevo deben unirse dentro del cuerpo de la mamá.

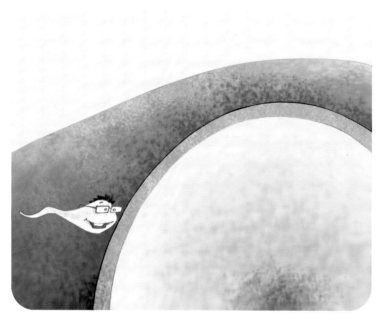

El óvulo. Si está esperando
al espermatozoide
cuando este llega
a la matriz,
se forma el bebé.

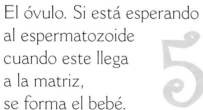

5

6 En la matriz.
Le preparan
una cuna y alimentos.
Si el bebé no llega,
se van a dormir.

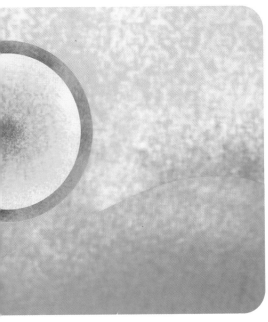

El otro ovario. Se despierta
después de unos días
para empezar todo de nuevo. 7

El ovario. Cada mes saca
un óvulo de su caja, y lo manda
de paseo hasta la matriz. 8

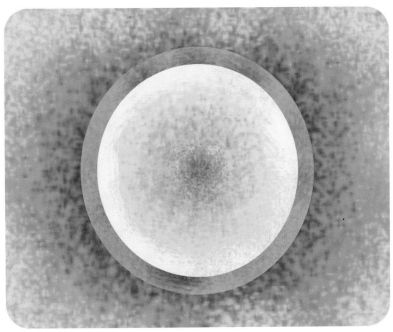

El bebé. Después de formarse la primera célula, durante nueve meses construye su cuerpo con materiales que toma del cuerpo de su mamá.

9

10

El recién nacido. No ve bien, no camina y no tiene dientes. Sus padres lo miman y lo cuidan mientras crece.

Fin

Y colorín colorado...

...y colorín, colorado, este cuento no ha terminado.

¡Nos falta hablar de un montón de cosas!

De la inteligencia, por ejemplo, que vive por ahí, por allá...

Y de la plaza del corazón, donde se creía que se alojaban los sentimientos...

No están allí, pero... ¿vamos a jugar a creerlo?

¿Y a guardar en él todas las cosas lindas que nos pasan?

¿A nuestro mejor amigo?

¿La maestra que tanto queremos?

¿Dejamos un espacio grandote para todos los que trabajan para nosotros sin que nos demos cuenta?

¡Y el mejor de todos... para papá y mamá!

Formando una ronda, démonos las manos...